DÉFENSE

DES

RÉSUMÉS HISTORIQUES.

Éclairer les esprits, calmer les passions.

PARIS,

LECOINTE ET DUREY, LIBRAIRES,

QUAI DES AUGUSTINS, N° 49.

1824.

Et on n'allume point une chandelle pour la mettre sous un boisseau, mais on la met sur un chandelier, et elle éclaire tous ceux qui sont dans la maison. Que votre lumière luise ainsi devant les hommes, afin qu'ils voient vos bonnes œuvres.

Évangile de saint Matthieu.

. . . . . . Docteurs de la loi, ayant pris la clef de la connaissance, vous n'y êtes point entrés vous-mêmes, et vous avez encore empêché d'y entrer ceux qui voulaient le faire.

Évangile de saint Luc.

DÉFENSE

DES

RÉSUMÉS HISTORIQUES [1].

Éclairer les esprits, calmer les passions.

Tout ce qui réussit est infailliblement attaqué ; les Résumés devaient donc l'être. Depuis quelques mois certaines feuilles ne leur laissent rien à désirer sous ce rapport ; leur succès a obtenu la triple sanction des critiques banales, des injures et des dénonciations. Quoiqu'ils portent leur défense en eux-mêmes, il est bon de faire une réponse expresse aux attaques auxquelles ils sont en butte, parce que, en gardant le silence, on semble, aux yeux de beaucoup de gens, passer condamnation ou n'avoir rien à répondre.

[1] Cet écrit se distribue à toutes les personnes qui prennent des Résumés.

Afin de procéder avec ordre, commençons par les critiques banales de ceux qui ne veulent pas qu'on abrége rien, comme si la masse des livres n'était pas encore assez grande. Il est facile de répondre à ces ennemis de la concision historique. Ceci ne sera point une défense, car l'attaque n'est pas bien sérieuse. Ce sera tout simplement un court examen d'une question littéraire qui n'est pas sans importance, savoir, ce qu'il faut entendre par *l'analyse et la synthèse en histoire* [1].

En nommant l'analyse et la synthèse [2], on se dispense de longs développemens. Appliquer ces deux grandes opérations de l'intelligence aux études et aux travaux historiques, est, il semble, le meilleur moyen de simplifier la question et de rendre la discussion (si discussion il y avait) claire pour tous les esprits.

Puiser aux sources, interroger les chro-

---

[1] Cette partie a été insérée au *Mercure du dix-neuvième siècle.*

[2] Il n'est pas nécessaire de savoir beaucoup de grec pour comprendre qu'*analyse* signifie littéralement dissolution, et *synthèse,* composition.

niques, les légendes; fouiller les archives, les cartulaires; consulter les collections d'auteurs originaux, vérifier les faits et les dates, retrouver dans les monumens l'état social et presque la physionomie de chaque époque; telles sont les opérations de l'analyse, qui s'occupe des détails sans songer à l'ensemble, qui examine une à une les parties qui formeront le tout. Parcourir d'un coup d'œil rapide tous les détails, toutes les parties, saisir leurs rapports, suivre l'enchaînement principal des faits, caractériser et diviser les époques, assigner aux événemens généraux leur véritable place, enfin coordonner ou composer l'ensemble; tel est l'objet de la synthèse.

Les grands et utiles travaux historiques des bénédictins, les estimables collections publiées par nos savans modernes, les recherches sur quelques époques isolées, les discussions chronologiques, archéologiques, philologiques; l'examen spécial de diverses parties du tout immense de l'histoire, appartiennent particulièrement à l'analyse. L'histoire proprement dite, dans quelque dimension qu'elle soit écrite, appartient à la synthèse. On pourrait contester ces définitions, parce qu'on peut contester toute nouvelle application des mots ; mais les choses n'en seront pas moins les mêmes. Il faudra toujours, d'un côté, des travaux de détail, et de l'autre, des travaux d'ensemble. Je n'entreprendrai pas d'examiner lesquels sont le plus difficiles et ont le plus de mérite ; ce qui est certain, c'est qu'ils ont les uns et les autres leur mérite particulier, et que tous sont également indispensables.

Il faudra toujours aussi des ouvrages de dimensions diverses, suivant les lecteurs auxquels ils seront destinés. Les modestes et laborieux bénédictins, ces savans si désintéressés, qui n'ont travaillé que pour les autres, et dont les pénibles recherches sont mises à profit aujourd'hui, n'ont publié des livres que pour ceux qui doivent en faire. Quand on imaginerait une génération d'hommes possédée du démon de la lecture, on ne lui supposerait jamais le courage de lire d'un bout à l'autre les énormes collections que nous devons à la congrégation de Saint-Maur.

De ces pesans in-folios, on tire des compositions historiques, plus ou moins complètes, et d'une étendue suffisante pour présenter des images fidèles; puis, on peut extraire encore la substance de ces solides ouvrages pour offrir un tableau plus rapide et plus animé, dont on aperçoive toutes les parties à la fois, parce que tout y est rapproché. Encore y a-t-il autant de degrés de précision que de classes de lecteurs, que de différences d'esprits.

Résumé est un terme emprunté au langage des tribunaux et des assemblées législatives. Il a fallu un mot nouveau pour une chose nouvelle. Les résumés ne ressemblent point à ces précis ou abrégés qu'on a mis dans les mains de la jeunesse et dans lesquels sont entassés des faits et des dates. Ils contiennent avec le choix des faits les vues générales qui doivent les dominer. L'histoire est un grand procès entre les peuples et ceux qui les ont opprimés ; les chroniques, les mémoires privés, les pièces de toute espèce forment la plaidoirie que l'historien recueille dans sa presque intégrité. Il est bon qu'un rapporteur concis présente, dans un résumé, une

recapitulation dont on saisisse prompte-
ment l'ensemble. Pour suivre la même
comparaison, ceux qui liront les débats
avant le résumé seront sans doute mieux
éclairés ; mais ceux qui ne le pourront pas
ou ne le voudront pas, voudront toujours
lire le résumé. Le grand succès qu'obtient
ce genre de livres, prouve incontestable-
ment qu'il était un besoin de l'époque :
c'est en vain qu'on dirait au public qu'il
a tort ; quand on lui donne ce qu'il de-
mande, il le prend.

Il est vrai qu'on doit être tout fier lorsqu'on a lu Grégoire de Tours ou Frédé-
gaire, surtout aujourd'hui qu'on en publie
d'élégantes traductions fort bien impri-
mées. Alors on croit avoir le droit de dé-
cider que les Français n'ont aucune idée
de l'histoire, que les étrangers sont bien
plus forts qu'eux sur ce point, et que
nos jeunes gens se bornent en général
à n'en prendre qu'une légère teinture.
Mais d'autres personnes ont cru remar-
quer que la jeunesse actuelle est loin d'ê-
tre aussi superficielle. Elle est au contraire
fort exigeante et fort judicieuse dans
le choix de ses lectures. Lorsqu'on l'a

satisfaite, on a peut-être autant de raisons de se féliciter, que si l'on avait obtenu le suffrage de ceux qui sont chargés de l'endoctriner. La nation non plus n'est pas aussi ignorante qu'on se permet quelquefois de le dire. En vain ceux qui lisent des Résumés sont-ils condamnés sans rémission, tout le monde veut en lire. Quant à ceux qui ont été choisis pour les écrire, ils sont familiarisés tout autant que d'autres avec les sources historiques, quoiqu'ils ne s'en vantent pas. La plupart d'entre eux ont depuis long-temps des travaux commencés ou achevés soit sur notre histoire, soit sur les histoires étrangères. Il ne tient assurément qu'à eux de faire de gros livres; mais ils aiment autant faire de ceux qu'on lit beaucoup, que de ceux qu'on lit peu. Si les Résumés ne suffisent pas pour contenter entièrement les lecteurs très-avides d'histoire, du moins servent-ils puissamment à en donner le goût à ceux qui ne l'avaient pas; et si leur lecture peut engager plusieurs personnes à ouvrir quelques ouvrages estimables, mais peut-être un peu lourds, les auteurs de ceux-ci en devraient être reconnaissans.

I.

Maintenant, s'il faut répondre aux injures, nous avouons humblement notre insuffisance. Nous avons un antagoniste vigoureux dans ce genre; et lors même qu'une lutte semblable ne nous répugnerait pas, nous la refuserions comme trop inégale. Bornons-nous à reproduire ici une petite réponse qui devait être insérée dans un des journaux constitutionnels, mais que la défunte censure avait frappée de son interdiction; car cet implacable saint-office, qui ne permettait même pas la simple annonce des Résumés, devait prendre sous sa protection leur ennemi le plus acharné. Cette réponse est pourtant bien loin d'être du même ton que les attaques; mais elle n'est destinée qu'à donner à notre terrible adversaire une légère leçon d'urbanité française. La voici :

« Il nous est arrivé d'Allemagne un docte baron qui a entrepris de régénérer les études en France. Pour cela il a écrit les plus longs articles dans les journaux les moins lus de la capitale. Il n'écrit pas tout ce qu'il dit, et l'on n'entend pas tout ce qu'il écrit; il y a de l'allemand dans son style, et il se dit meilleur Français que nous. Il est bien clair qu'en France nous ne savons rien, car il nous le répète tous les jours : avec trois ouvrages d'outre-Rhin qu'il a lus, il se donne beau jeu pour nous taxer d'ignorance; quand il nous a jeté quelques noms allemands à la tête, il n'y a plus moyen de lui répondre; il nous a terrassés.

» A l'entendre, tous nos journaux devraient être du même genre que le *Journal asiatique*, et tout homme qui ne s'est pas occupé exclusivement des théogonies indoues ou de la littérature sanscrite n'a pas le droit d'écrire une ligne. Il ne s'incline que devant les in-folios; la *Grandeur des Romains*, de Montesquieu, lui paraît un ouvrage trop léger, et nous ne serions point étonnés qu'il trouvât l'*Histoire universelle* de Bossuet un peu superficielle.

» Sait-il les langues, connaît-il les littératures dont il parle sans cesse ? il faut le croire sur parole. Passe-t-il pour savant chez ses compatriotes? nous n'irons point le vérifier. Dans tous les cas, il nous régente avec une gravité et une assurance vraiment divertissantes. Voltaire, Rousseau, Condillac, etc., sont des niais; tous ceux qui ne partagent pas ses idées, ou qui ne comprennent pas ce qu'il ne paraît pas bien comprendre lui-même, ont une intelligence abâtardie; seulement il a tort de les accuser parfois d'impiété, de matérialisme d'athéisme : de telles imputations, qu'il faudrait prouver, dépassent les bornes de la critique. Il traite toutes les questions avec un air de supériorité unique, avec toute l'infaillibilité que pouvait avoir M. le baron de Thunder-Ten-Tronck quand il parlait, dans son château, au milieu de ses domestiques. Il a l'air de nous dire en haussant les épaules : Comment, vous en êtes encore-là? Mais nous avons changé tout cela en Allemagne; c'est connu à Gœttingue; on sait cela par cœur à Jéna. Un tel homme nous semble vraiment précieux ; et il est probablement appelé à faire une révolution chez nous dans les sciences philosophiques et dans la littérature. Il faut l'engager à persévérer dans ses dispositions à nous endoctriner, puisqu'il veut bien daigner nous faire part de ses lumières. »

Nous n'avons parlé jusqu'ici que des critiques banales et des injures; il nous reste à aborder les accusations plus graves.

Si l'éclat des censures et la solennité du blâme étaient des motifs de s'énorgueillir, les Résumés auraient reçu un grand honneur. Un puissant prélat, du haut de la chaire apostolique, s'adressant à ce qu'il y a de plus élevé dans l'état, en présence de la dépouille mortelle d'un roi dont il avait à retracer les actions, n'a pas dédaigné de laisser tomber des paroles d'improbation sur d'humbles petits livres. On s'est demandé comment une attaque aussi imprévue entrait dans le cadre d'une oraison funèbre, et si elle n'eût pas été bien remplacée par quelques mots sur la charte constitutionnelle dont on attendait en vain la moindre mention dans le panégyrique de son royal auteur. Mais il ne nous appartient pas d'examiner cette question. Quant à l'accusation en elle-même, quelque imposant que soit le caractère du personnage qui s'en est rendu l'organe, il est permis d'y répondre.

On accuse donc les auteurs des Résumés de dénaturer l'histoire en ne recueillant que des traits d'ignorance ou de scandale, et en présentant les faits sous un faux jour, de telle sorte que la jeunesse apprenne à dédaigner nos pères comme des hommes odieux et ridicules. Les lecteurs se convaincront facilement de l'injustice de ce reproche. Le bien et le mal, le faux et le vrai, la vertu et le vice se mêlent en proportions inégales dans les annales humaines; ce n'est pas la faute des historiens și la somme du bien n'excède pas celle du mal, et si la vertu est plus rare que le vice. On rend hommage à toutes les actions généreuses; on flétrit tous les crimes sans égard pour la caste, ni pour le rang. Il n'y a plus de privilégiés pour l'histoire. Les tyrans sont voués à l'opprobre, les bons rois sont signalés à la reconnaissance. Quant aux peuples, pourquoi verserait-on sur eux la haine ou le ridicule? Ils étaient ce que les institutions, les mœurs et les préjugés de leur temps les avaient faits. Non, l'on n'a point songé à faire haïr nos ancêtres, ni à les tourner en risée; on a plutôt voulu les plaindre.

Mais c'est précisément cette commisération qui est coupable, selon nos adversaires; ils aimeraient mieux en effet qu'on vantât le bonheur de nos pères sous le joug de la féodalité, ou sous la puissance temporelle du sacerdoce. Malheureusement il ne serait possible de satisfaire ce vœu qu'aux dépens de la vérité. Quoi donc! on nous ferait un crime de plaindre nos aïeux d'avoir vécu dans un temps d'ignorance et d'oppression, et de nous féliciter de vivre dans un siècle de lumières et d'institutions légales! Il ne serait donc pas permis de dire que la situation actuelle du peuple n'est point malheureuse, et qu'il doit se trouver content; on regarderait donc comme dangereux de lui faire apprécier les biens dont il jouit, et de l'engager à s'en rendre digne par un attachement éclairé aux lois et aux vrais principes d'ordre public! La singulière logique, que de condamner, comme des agens de bouleversemens et de troubles, ceux qui enseignent que tous les changemens importans que réclamait l'état social ont été accomplis! Assurément de telles assertions ne peuvent sembler coupables et dangereuses qu'à des gens qui penseraient le contraire, et qui songeraient au rétablissement des abus de l'ancien régime.

Une feuille, organe, dit-on, d'une trop
célèbre congrégation, dont la renaissance
menace également les peuples et les rois,
a pris les Résumés pour but de ses dénonciations journalières. Elle a soin surtout de présenter la religion comme sé-
rieusement compromise. Ainsi c'est donc
attaquer la religion que de retracer les
maux dont elle a été trop souvent le prétexte, ou les abus et les scandales dont
ses ministres se sont quelquefois rendus
coupables? Assurément il est loin de notre
pensée de nier ou de vouloir atténuer les
immenses bienfaits qu'elle a répandus sur
la terre; mais il importe toujours de sé-
parer sa cause de celle des hommes qui
ont pu méconnaître ses préceptes de paix
et de charité. Cette source divine d'actions généreuses est placée dans une ré-
gion supérieure aux passions et aux fai-
blesses humaines; pourquoi s'obstine-t-on
à la mettre à leur niveau et à la souiller
par une communauté d'intérêts qu'elle ne
réclame point? C'est ainsi que les hommes
d'état, ineptes ou pervers, font toujours
intervenir la royauté pour la rendre le
but des reproches adressés à ses minis-

tres. Il en doit être de la religion comme de la royauté, telle que les Anglais la conçoivent. Elle ne peut faire le mal; ses ministres seuls le peuvent, et ils sont responsables devant l'histoire du mal qu'ils ont fait.

Cela est loin sans doute de signifier que les prêtres n'ont jamais eu de vertus; bien au contraire, nous nous plaisons à rendre justice à tous les beaux caractères qui ont fait honneur au sacerdoce, et qui doivent vivre dans la reconnaissance des hommes; mais on ne peut nier que des scandales ont eu lieu. Est-ce dire qu'ils existent encore? Le clergé d'aujourd'hui se rend-il solidaire des excès du clergé d'autrefois? Il n'a point d'intérêt à cela; il vaut mieux qu'il se borne à suivre modestement les préceptes de l'Évangile, en se conformant aux lois du pays qu'il habite. C'est ainsi qu'il peut se rendre digne du respect qu'on ne cesse point de lui témoigner, et honorer la religion que le peuple ne devrait cependant jamais confondre avec les prêtres.

A lire tous les jours certaines attaques contre les livres nouveaux, ou contre les feuilles constitutionnelles, on dirait que nous marchons à reculons dans la carrière du gouvernement représentatif. Tout semble remis en question. Que ce système de dénonciation se rattache à un plan de renversement de la liberté de la presse offerte à l'étranger comme un épouvantail, cela se conçoit; mais que les argumens et les citations dont on s'appuie produisent quelque effet sur des esprits éclairés, cela ne se conçoit pas.

Une réforme religieuse eut lieu au seizième siècle; la guerre s'alluma, une secte nouvelle s'étendit sur la moitié de l'Europe; dans l'autre moitié on la combattit, puis on la toléra, puis on la proscrivit, puis on la toléra encore; enfin on la reçut dans la société politique. Une réforme sociale eut lieu sur la fin du dix-huitième siècle; après de sanglantes et déplorables vicissitudes, il a été décidé que les Français ont la liberté de publier leurs opinions en se conformant aux lois. Maintenant comment se fait-il que certaines gens prétendent interdire l'usage de cette liberté, et jettent les hauts cris à tout propos comme si la tranquillité publique était menacée et la religion compromise?

La liberté religieuse est-elle révoquée, pour qu'on ne puisse plus dire ce qu'on pense de la réforme, sans être accusé de vouloir renverser la religion de l'état? La liberté politique est-elle révoquée, pour qu'on ne puisse plus approuver le régime représentatif et juger le régime absolu, sans être accusé de vouloir renverser le gouvernement actuel? La Charte, appelée dans son préambule même, une constitution libre, existe-t-elle encore, oui ou non? Les mots *religion de l'état* excluent-ils la liberté des cultes proclamée par la Charte? Qu'il y ait un parti qui maudisse la réforme religieuse et la réforme politique, à lui permis; mais elles n'en existent pas moins. L'une est dans l'état, l'autre domine l'état. Ceux qui les haïssent n'en sont pas moins obligés de les subir; sinon il faut les déclarer perturbateurs et avides de domination.

Quand est-ce donc enfin que nous voudrons la liberté pour tout le monde? Quand admettra-t-on franchement la discussion, qui est le seul moyen du gouvernement représentatif? Mais non : dès qu'une opinion se manifeste, l'autre opinion crie bien vite à l'anathème, et veut étouffer au lieu de répondre. Pourtant comment peut-on s'éclairer si l'on n'écoute pas, si l'on ne laisse pas dire ? Nous pensons avoir raison, mais il est possible que vous n'ayez pas tort. Répondez-nous, terrassez-nous sous le poids de vos raisons. On se rangera de votre avis; vous triompherez dans l'opinion et nous serons condamnés par elle. Mais gourmander l'autorité qui a la sagesse de rester impassible tant que nous n'attaquons pas ce que nous devons respecter, c'est faire croire qu'on n'a pas de raisons à produire, c'est montrer de la haine au lieu de conviction.

Que si toutefois, en extrayant quelques passages qui peuvent isolément sembler inconvenans ou hostiles, on n'avait eu que l'intention de donner des conseils officieux, cette intention serait certes fort louable, et dans tous les cas ne serait pas sans résultat. Les Résumés ne sont point entrepris dans un but hostile, et à chaque nouvelle édition de ceux qui en comptent déjà plus d'une, il est facile de se convaincre que les auteurs retranchent ou modifient les expressions qui pourraient sortir du ton d'impassibilité qui convient à l'histoire. La vérité, dite avec calme, tel est leur objet. Ils sentent qu'en se livrant à des déclamations rebattues, ils ne feraient que des libelles. Il n'y a rien à gagner à exciter les passions, et tout à éclairer les esprits.

Les Résumés sont frappés d'une terrible proscription dans toute l'Université; leur lecture, ou simplement leur possession, est un délit qui encourt les peines les plus sévères. Cela est tout simple, puisqu'ils ne sont pas tout-à-fait écrits conformément aux doctrines qu'enseigne l'Université. Mais s'ils ne doivent point être lus par les écoliers, ils peuvent, à ce qu'il semble, s'adresser aux jeunes gens qui ont quitté les bancs du collége; ils le peuvent même sans danger, si danger il y a; en effet, leurs lecteurs ayant été prémunis, par des préceptes opposés, contre l'effet qu'ils pourraient produire sur des esprits encore neufs, savent discerner facilement ce qui pourrait s'y trouver de mauvais, et n'y croire que ce qui mérite d'être cru; ou bien si tout y était également condamnable, ils sont en état de les rejeter tout-à-fait. Assez d'autres livres composés d'après les intentions de l'Université sont offerts à leur choix. Qu'on ne se plaigne point d'inégalité à cet égard. Les mêmes libraires qui vendent des Résumés en assez grand nombre, il est vrai, vendent encore une plus grande quantité de livres pieux ou mystiques ou universitaires. L'astre de l'honnête Leragois est loin d'avoir pâli, et toutes les petites histoires édifiantes à l'usage de la jeunesse, se répandent aujourd'hui plus abondamment que jamais.

Rechercher dans l'histoire tous les maux nés de l'intolérance, rassembler tous les crimes du fanatisme, prendre dans les annales de la Ligue ou dans les œuvres des jésuites toutes les maximes détestables, immorales et irreligieuses qui s'y trouvent, rappeler tous les assassinats commis sur des princes par d'obéissans exécuteurs de ces maximes, et tout cela pour l'appliquer au clergé actuel, serait aussi mal raisonner que raisonnent ceux qui exhument de l'histoire tous les souvenirs d'excès populaires pour en faire craindre aujourd'hui le retour. Le fanatisme et l'anarchie seront toujours des sources de maux ; mais plus de lumières peuvent les rendre moins à redouter. Les crises sociales, telles que la France vient d'en éprouver une, ne se reproduisent heureusement qu'à de longs intervalles de siècles.

Une révolution nouvelle n'est qu'un épouvantail puéril dont se servent, à défaut de raisons, les ennemis de l'état social dont nous jouissons maintenant. Est-ce mauvaise foi de leur part ? Croyons plutôt que c'est erreur. Pourtant ils devraient bien aussi consulter l'histoire ; ils y verraient à chaque page la preuve de ces vérités triviales qu'on a honte de répéter, mais qu'il faudra répéter tant qu'elles seront méconnues ou contestées. Est-ce que l'état social était le même du temps de Hugues Capet que sous Philippe le Bel, le même sous Philippe le Bel que sous Louis XIV, le même sous Louis XIV qu'aujourd'hui ? N'est-il pas vrai qu'il change à diverses époques? Eh ! bien, c'est ce qu'on nomme des révolutions. N'est-il pas vrai aussi qu'à chaque changement d'état social il se trouve des partis qui résistent à son accomplissement ou à son maintien, et que, plus la résistance est forte ou opiniâtre, plus la révolution est sanglante ou longue? Tout cela a été dit, et il faut le redire encore.

Si c'est une erreur de croire qu'une révolution puisse se répéter lorsqu'elle est satisfaite, c'en est une bien plus funeste que de croire qu'on puisse lui enlever avec succès ce qu'elle a obtenu. Qu'on nous montre dans les annales d'un peuple quelque chose d'aboli qui ait été rétabli tel qu'il était auparavant, et pour durer long-temps. La révolution dont nous menacent nos adversaires, serait donc plutôt celle qu'ils voudraient faire eux-mêmes; mais elle est aussi impossible que celle qu'ils semblent craindre, et leurs déplorables projets ne pourraient aboutir qu'à des triomphes apparens et passagers. Beaucoup de dommage, mais point de succès réel; beaucoup d'esprits égarés d'abord, et puis d'autant mieux éclairés, tel serait le fruit d'efforts obstinés et qui semblent redoutables.

On a été, dit-on, jusqu'à dénoncer les Résumés à un pouvoir extérieur; nous avons peine à le croire ; mais dans tous les cas, comme Français, nous déclinons un tel tribunal, et ce n'est que devant des Français que nous voulons nous défendre. Où en serions-nous si jamais notre pensée devait être contrôlée par une autorité étrangère ? Les vœux qui appellent un tel asservissement ou un tel appui, sont bien coupables ! Mais s'y arrêter plus long-temps, serait injurieux et ridicule. Ce serait injurieux pour un gouvernement qui est établi sur des lois, et qui est assez fort pour les faire respecter.

Notre confiance est fondée sur la sage impartialité des corps de judicature, qui ont déjà, par des actes éclatans, protégé la liberté de la presse. Elle est fondée aussi sur l'intérêt du gouvernement : tourmenté par une congrégation envahissante qui n'affecte de le servir que pour le dominer, et qui tourne les armes qu'on lui laisse contre ceux mêmes de qui elle les tient, il a besoin d'un contre-poids à opposer à une telle puissance pour se maintenir en équilibre. Ce contre-poids, c'est la manifestation franche et modérée de l'opinion ; c'est la liberté de la presse.

On la menace de la reproduction d'un projet de loi contre les sacriléges qui fut rejeté l'année dernière par la prudence éclairée de l'une des chambres législatives ; cette année il ne peut qu'éprouver le même sort. Ne craignons point la sanction d'une loi qui aurait autant de tranchans que ces fameuses lois romaines de lèse-majesté, d'horrible mémoire, qui nous ramènerait au treizième siècle, et serait l'équivalent de l'établissement de l'inquisition.

Nous avons droit surtout d'avoir une juste confiance sous un roi qui sent le prix de l'amour éclairé du peuple, et qui préfère l'expression franche de l'opinion, au langage calculé de l'intrigue. Ce roi, ainsi que le prince modérateur appelé à lui succéder, ne peut vouloir régner sur un peuple ignorant. Déjà il a soufflé sur la censure qu'on avait interposée entre lui et les Français. Il veut connaître leurs besoins ; mais il veut aussi qu'ils sachent apprécier les bienfaits qu'il leur destine. Les belles paroles qu'il a prononcées en arrivant au trône, doivent être comprises par tous, pour obtenir la reconnaissance de tous. Non, répétons-le avec confiance, nous n'avons rien à craindre d'illégal et de violent sous le règne du prince qui a dit: « *J'emploierai mon pouvoir tout* » *entier à consolider, pour le bonheur de* » *mon peuple, le grand acte que j'ai pro-* » *mis de maintenir. Ma confiance dans* » *mes sujets est entière.*» Cette confiance est méritée. Quel prétexte aurait-on d'exercer aujourd'hui des rigueurs? Jamais la France fut-elle plus calme, plus obéissante aux lois? Les livres ni les journaux ne l'agitent plus; elle y est accoutumée. C'est le grand air du gouvernement représentatif: elle le respire sans vertiges; l'en priver serait l'exposer à de nouvelles convulsions : lui en laisser la circulation libre, c'est vouloir qu'elle vive et qu'elle prospère.

PARIS, IMPRIMERIE DE LEBEL, IMPRIMEUR DU ROI,
Rue d'Erfurth, n° 1.

Contraste insuffisant

NF Z 43-120-14